AF220952

BARF

Für Einsteiger

Wie Sie ohne Vorwissen Ihren Hund mit artgerechtem rohem Futter gesund ernähren

inkl. Tipps für das erfolgreiche Barfen und den besten Rezepten für einen glücklichen Vierbeiner

Sebastian Groenewold

⌂ INHALT

Das erwartet Sie in diesem Buch

Als Tierhalter wollen Sie nur das Beste für Ihren Liebling. Dazu gehört in erster Linie die gesunde und ausgewogene Ernährung Ihres Vierbeiners. Tierische Nebenerzeugnisse, billige Füllstoffe, Melasse und Zucker sind nur wenige Bestandteile eines industriell hergestellten Trocken - oder Nassfutters.

Deshalb überlegen Sie vielleicht schon länger, ob die Ernährung mit dem vermeintlich guten Trockenfutter das Richtige ist. Vielleicht hat Ihr Tier auch Unverträglichkeiten oder Allergien? Viele Futterhersteller versprechen die besten Inhaltsstoffe.

Viel Fleisch, Gemüse und mit allen Vitaminen, die Ihr Tier benötigt. Mittlerweile bekommen Sie im Zoofachhandel für jeden Hund und jede Katze das vermeintlich beste Futter – für Welpen, Junghunde, Erwachsene, ältere Hunde und Katzen.

Und nicht zu vergessen auch passend zur Aktivität Ihres Haustiers. Das beschränkt sich nicht nur auf Hunde und Katzen, sondern auch auf beispielsweise Frettchen. Fertigfutter enthält oft viele künstliche Zusatzstoffe, die durch sogenannte E-Nummern gekennzeichnet sind, unter anderem Konservierungsstoffe, die das Futter länger haltbar machen. Aromen, Lockstoffe und Appetitanreger, um es schmackhaft zu machen. Viele dieser Zusatzstoffe stehen im Verdacht, bei Hunden Allergien auszulösen.

Das Füttern von Rohfutter wird immer mehr zum Trend und soll für alle fleischfressenden Haustiere die gesündeste und ausgewogenste Ernährung sein. Durch die vielen unterschiedlichen Informationen, die man im Internet findet, treten aber erst einmal viele Fragen auf. Wie hoch sind die Kosten? Was muss alles in den Napf, um mein Tier auch wirklich gesund zu ernähren? Und was ist schädlich? Wie viel Zeit nimmt es in Anspruch? Gibt es Alternativen? Und viele weitere Fragen.

In diesem Buch erfahren Sie alles Wichtige zum Thema Barfen, ob Ihr Tier für das Barfen geeignet ist, welche Vor- und Nachteile Barfen mit sich bringt und die verschiedenen Barf-Arten, die richtige Zusammensetzung von Fleisch, Fisch, Gemüse und Zusätzen. Außerdem erfahren Sie auch, wie die Umstellung auf die Rohkost am besten funktioniert.

Was versteht man unter Barfen?

Viele Hunde beziehungsweise Tierbesitzer streben nach einer natürlichen Fütterung ihres Hundes. Diese Fütterungsmethode erfreute sich in den letzten Jahren immer größerer Beliebtheit. Barf oder BARF bedeutet ausgeschrieben „Bones And Raw Foods", also auf Deutsch „Knochen und Rohes Futter". Es gibt aber auch die deutsche Variante „biologisch artgerechte Rohfütterung". Als erste führte die Amerikanerin Debbie Tripp die Abkürzung BARF ein, um die Hundebesitzer, die ihre Tiere wieder ursprünglich mit Futter aus rohen Bestandteilen ernährten, als „Born Again

Raw Feeders", zu Deutsch „Wiedergeborene Rohfütterer", zu bezeichnen. Der Begriff wurde erstmals in den Jahren der 1990er durch Swanie Simon beeinflusst. Seitdem hat sich hier der Ausdruck „biologisch artgerechtes rohes Futter" durchgesetzt. Es handelt sich also um Futter aus ausschließlich rohen Bestandteilen und ist dem Fressen in freier Wildbahn nachgestellt. Die Entwickler dieser Methode beobachteten die Fressgewohnheiten von Wildtieren, besonders die der Wölfe. Die natürliche Nahrung der Wölfe besteht aus großen bis mittelgroßen Tieren. In Europa sind die Hauptbeutetiere Hirsch, Reh, Elch oder Wildschwein. In anderen Regionen auch Bisons, Elche, Karibus und Mufflons, die sie im Normalfall soweit wie möglich auffressen, aber auch Aas, Beeren und Früchte gehören auf den Speseplan der Wölfe.

Somit bekommen sie alle nötigen Nährstoffe, die sie brauchen. Für eine bedarfsgerechte Zusammenstellung sind Kenntnisse der Futtermittelkunde und Tierernährung notwendig. Vorwiegend wurde diese Art der Fütterung für unsere heutigen Haushunde entwickelt, ist aber auch für Ihre Katze, Schildkröte oder Frettchen geeignet. Eine ausgewogene Ernährung ist für jedes Haustier sehr wichtig. Wenn wir uns jetzt zurück an den Wolf erinnern, gehören dazu in der Regel Knochen, Fleisch, Innereien aber auch Obst und Gemüse auf den Speiseplan. Da die Beutetiere Pflanzenfresser sind, nimmt der Wildhund diese vorwiegend durch den Mageninhalt der Beute zu sich. Auch wenn Blättermagen und grüner Pansen für die menschliche Nase nicht sehr appetitlich riechen, sind sie reich an wichtigen Vitaminen und Nährstoffen. Rohes Fleisch hat viele wertvolle Inhaltsstoffe, die beim Erhitzen verloren gehen. Dieses Problem fällt somit bei der Rohfütterung weg. Schließlich bekommt der Wolf auch kein gekochtes Reh vor die Nase gesetzt.

Beim Fleisch sollte die Qualität selbstverständlich an oberster Stelle stellen. Futter aus rohen Zutaten wurde zwar erstrangig für Hunde entwickelt, ist aber wie oben bereits erwähnt unter anderem für Katzen, Frettchen oder Schildkröten geeignet, sozusagen für alle fleischfressenden Haustiere.

Da Forschungen zufolge Wölfe die Vorfahren unserer heutigen Haushunde sind, wurde bei der Entwicklung dieser Ernährungsform genau auf die Fressgewohnheiten dieser Wildtiere eingegangen. Diese Art der Fütterung soll also die artgerechteste und gesündeste Alternative zu industriell hergestelltem Fertigfutter für unsere fleischfressenden Haustiere sein.

10 Mythen über die Barf-Ernährung

Beim Barfen wird das Futter neben Fleisch oder Fisch auch mit Obst, Öl und Gemüse angereichert. Trotz der offensichtlichen Vorteile, die eine Rohfütterung mit sich bringt, halten sich viele Mythen hartnäckig und verunsichern den Tierhalter und das zu Unrecht.

Aber Fakt ist auch das Sie mit einer Barf – Ernährung Ihrem Vierbeiner viel Gutes tun können. Bei der biologisch artgerechten Fütterung kommt es auf die genaue Zusammenstellung der Komponenten an, wenn Sie diese beachten, haben Sie und Ihr Tier auch nichts zu befürchten. Außerdem können Sie durch die eigene Zusammenstellung sicherstellen, dass die Ernährung ausgewogen und nicht einseitig gestaltet ist. Ein paar dieser Mythen möchte ich für Sie hier aufgreifen, um eventuelle Unklarheiten und Unsicherheiten vielleicht aus dem Weg räumen zu können.

DER NÄHRSTOFFMANGEL

Beim Nährstoffmangel werden die Stimmen laut, es wird von vielen Seiten gewarnt, dass der Nährstoffbedarf des Hundes oder der Katze bei der Rohfütterung nicht korrekt eingehalten werden könnte. Am meisten wird von der Unterversorgung von wichtigen Vitaminen, Mineralstoffen und Aminosäuren gesprochen.

Worauf aber nicht eingegangen wird ist, ist, welcher Bedarfswert für diese Beurteilung verwendet wird und was genau denn „Mangel" bedeutet. Zur Erinnerung: Bei der Rohfütterung ernähren die Haustierhalter ihre Tiere mit rohen und frischen Zutaten. Dazu zählen keine Schlachtabfälle, wie oft vermutet wird, sondern qualitativ hochwertiges Fleisch, Pansen, Innereien, Knochen, Gemüse, Obst, Öle und natürliche Nahrungsergänzungen. Achtet der Tierhalter auf den Bedarfswert seines Tieres und kontrolliert diesen regelmäßig, kann von einem Nährstoffmangel nicht ausgegangen werden. Heutzutage sind ganzheitliche Tierärzte und Ernährungsexperten der Meinung, dass Industriefutter, das unter schlechten Bedingungen hergestellt wurde, einen schädlichen Einfluss auf die Gesundheit des Tieres haben kann und bei der biologisch artgerechten Rohfütterung der Tierhalter die Vielfalt der Fütterung mit all Ihren Komponenten bewusst nutzen und somit einem Nährstoffmangel entgegenwirken kann.

ROHES FLEISCH MACHT AGGRESSIV

Ein Mythos, der wohl am hartnäckigsten ist, ist die Aussage, dass Rohfütterung das Tier aggressiv machen soll. In den meisten Fällen finden Hunde rohes Fleisch sehr schmackhaft, was wohl auch auf die Ressourcensicherung zurückzuführen ist. Wohl eher selten würde der Hund seine Ressource mit dem Hundekumpel oder auch dem Besitzer teilen.

Wahrscheinlicher ist es, dass er sie mit Knurren und Zähnezeigen verteidigt. Doch das ist eine ganz normale Reaktion, die übrigens auch beim Spielzeug auftreten kann. Es wird behauptet, dass durch die

Gabe von rohem Fleisch und Knochen das Jagdverhalten geweckt werden soll und auch ein Risiko bestehe, dass Ihr Hund Rehe und Hasen jagt oder sogar Sie oder andere Menschen anfällt.

Aber genau das Gegenteil ist der Fall. In industriell hergestelltem Fertigfutter können substanzielle Aminosäuren fehlen, die für den Vierbeiner sehr wichtig sind und dieses enthält auch oft eine große Menge an Getreide, dass zur Entstehung von Aggressionen beitragen kann. Füttern Sie hingegen ausgewogen, können Aggressionen sogar verringert werden.

VEGAN ODER VEGETARISCH

Aus den verschiedensten und auch für viele aus unverständlichen Gründen, ernähren manche Haustierhalter Ihr Tier vegetarisch oder vegan. Doch das ist alles andere als gesund für den Vierbeiner. Hunde wie auch Katzen sind nun mal Carnivore, also Fleischfresser und sollten niemals fleischlos ernährt werden.

Das Gebiss von Hunden ist für das Fangen von Beutetieren und das Herausreißen von Fleischstücken gemacht. Auch ist der Verdauungstrakt, genauer gesagt, der Dick – und Dünndarm unserer

Hunde viel kürzer und überwiegend für die fleischige Ernährung ausgelegt. Desto länger die Verdauungsorgane sind, desto planzenreicher ist die Ernährung.

Ein Beispiel: Eine Kuh hat einen Darm mit einer Länge von circa 60 Metern, der Hund dagegen nur zwischen zwei bis sieben Meter. Insbesondere Welpen brauchen eine artgerechte Ernährung mit Fleisch und Fisch. Fleisch garantiert die Zuführung von Vitaminen und wichtigen Stoffen wie Jod, Eisen oder Kalzium. Soja hingegen wird mit Pestiziden angebaut und beinhaltet somit hormonell wirksame Bestandteile. Ohne die Zugabe von tierischen Zutaten ist es kaum machbar, das Tier mit allen nötigen Inhaltsstoffen, die es für eine ausgewogene und gesunde Ernährung braucht, zu versorgen.

DER HUND WIRD NICHT SATT

Oft wird behauptet, dass vor allem Hunde, um satt zu werden, Kohlenhydrate brauchen. Aber keine Angst, Ihr Hund muss beim Barfen nicht Hunger leiden. Kohlenhydrate gehören nicht zum Speiseplan eines Hundes. Sie sind für eine ausgewogene Ernährung auch nicht notwendig. Zwar liefern Kohlenhydrate schnelle Energie, sind aber auf längere Sicht eher ungesund.

Die Gabe von Gemüse und Obst reicht völlig aus, um den niedrigen Kohlenhydratbedarf des Hundes zu decken. Kohlenhydrate sättigen zwar schnell, sind aber auch ungesund und können zu Durchfall, Blähungen und unter Umständen auch zu Allergien führen. Der Energiestoffwechsel des Hundes ist nicht auf Kohlenhydrate angewiesen, sondern besonders auf Eiweiß und Fett. Sollten Sie sich dennoch unsicher sein, halten Sie einfach das Gewicht Ihres Hunde im Blick. Verliert er an Gewicht, sollte die Futtermenge erneut angepasst werden.

ES MACHT DEN HUND KRANK

Die einen loben, dass Ihre Tiere durch die rohe Fütterung weniger krank werden, andere wiederum warnen vor Viren, Bakterien und Parasiten, die das Tier krank machen können. Als erstes fallen hier wohl jedem die Salmonellen ein. Diese vermehren sich bei Zimmertemperatur sehr schnell und können auch in Nahrungsmitteln, die lange Zeit gefroren waren, überleben.

Nur durch Erhitzen der Lebensmittel wie Backen, Kochen oder Grillen können diese abgetötet werden. Hauptsächlich schuld an dem Zuwachs von Salmonellen sind eine zu geringe Hygiene bei der Verarbeitung und der Lagerung des Fleisches. Deshalb ist Hygiene bei der Lagerung und Zubereitung sehr wichtig.

Allerdings ist eine Panikmache unbegründet, denn für die Fellnase sind diese Bakterien ungefährlich, da sie durch den hohen Salzsäuregehalt im Magen gut geschützt ist. Auch wenn Deutschland seit 2003 frei vom Aujeszky – Virus ist, sollte auf rohes Schweinefleisch verzichtet werden.

BARF GEHT AUCH OHNE GEMÜSE

Eine ausgewogene Ernährung muss auch Obst und Gemüse beinhalten. Der Richtwert liegt hier bei 10 – 20% einer täglichen Portion. Wenn Ihr Tier Obst aufgrund des enthaltenen Fruchtzuckers nicht verträgt, kann es weggelassen werden. Neben Fleisch und Innereien bietet Gemüse dem Hund aber auch weitere wichtige Mineralien, Vitamine, Enzyme, Kohlenhydrate und Ballaststoffe.

Selbst der Wolf frisst Beeren, Kräuter und Gräser. Auch wenn er ein Beutetier frisst, nimmt er durch den Mageninhalt des Tieres pflanzliche Anteile zu sich. Damit die wichtigen Nährstoffe aber auch vom Körper aufgenommen werden können, müssen sie vorbehandelt werden.

Gemüse und Obst müssen also zum einen püriert oder gekocht werden und zum anderen mit Öl, wie Leinöl oder Rapsöl angereichert werden. Da die Vitamine fettlöslich sind, können sie sonst vom Hundorganismus nicht aufgenommen werden.

Nur ein echter Fachmann kann richtig Barfen

Klar ist, wer sein Tier Barfen will, muss sich mit der Ernährung seines Lieblings und der Futtermittelkunde auseinandersetzen. Dennoch ist BARF nicht so kompliziert, wie es am Anfang vielleicht scheint. Es ist wie mit allem, das man anfängt: wenn die Routine erst einmal gefunden ist, ist es gar nicht mehr so schwer.

Eltern müssen sich schließlich auch mit der Ernährung ihres Sprösslings auseinandersetzen und kriegen es hin. Heutzutage gibt es viele Ratgeber, Online – Rechner und andere Hilfsmittel, um Ihnen den Einstieg zu erleichtern. Sitzt das nötige Wissen erstmal, geht das Füttern auch leicht von der Hand.

Zeitfresser

Aller Anfang ist schwer. Ja, im Gegensatz zu Dosenfutter oder Trockenfutter in den Napf schütten, ist barfen zeitaufwendiger. Wie ich aber bereits oben erwähnt habe, stellt sich auch bei der Zusammenstellung relativ schnell Routine ein und bis der Napf gefüllt ist, vergehen nur wenige Minuten.

Am Anfang sind Sie vielleicht noch etwas verunsichert und wiegen jedes Gramm genau ab, aber nach wenigen Wochen brauchen Sie nicht mehr für jede Kleinigkeit einen Messlöffel oder die Waage. Eine andere Möglichkeit, die sich heutzutage bietet, wäre der Einkauf von fertig zusammengestelltem, gefrorenem Barf. Dieses muss nur aufgetaut werden, allerdings kann man hier nur schwer auf die individuellen Bedürfnisse des Tieres eingehen.

Rohfütterung ist teuer

Natürlich kommt es darauf an, mit was ich BARF vergleiche. Hatte ich zuvor das günstige Futter vom Discounter und kaufe dann das teure Frischfleisch beim örtlichen Metzger des Vertrauens, sieht das Ganze im Geldbeutel natürlich anders aus.

Um einen kleinen Einblick über die tatsächlichen Kosten zu geben, habe ich mir die Preise etwas genauer angesehen. Die ungefähren Kosten pro Hund liegen bei circa 14 Euro pro Woche, wenn ich frisches und qualitativ hochwertiges Fleisch bei einem BARF – Händler kaufe.

Dazu kommen dann noch Öle, Kräuter, Obst und Gemüse, das sind in etwa 2,50 Euro pro Hund in der Woche. Rechnet man das auf den Monat zusammen, sind das in etwa Kosten von aufgerundet 70 Euro. Natürlich kommt es auch hier darauf an, welche Menge Ihr Hund benötigt. Im Vergleich zu einer Nassfutterdose und 800 Gramm Fütterungsempfehlung pro Tag kostet diese 4,50 Euro. Aufgerundet auf vier Wochen sind das dann 126 Euro. Also, wie Sie sehen, ist die Rohfüttern sogar wesentlich günstiger. Mit ein paar Tricks ist es durchaus möglich, die Kosten zu reduzieren, ohne, dass die Qualität darunter leiden muss. In manchen Supermärkten zum Beispiel bekommt man sehr reifes Obst zu reduzierten Preisen. Für die Rohfütterung sollte ja sowieso nur sehr reifes Obst verfüttert werden.

Knochen sind gefährlich

Knochen sollten bei der Rohfütterung zwecks dem lebenswichtigem Calcium nicht fehlen. Außerdem bilden sie die Zähne gut aus und halten sie gesund. Das einzige Problem, das Knochen mit sich bringen, ist, dass sie roh sein **müssen**. Gekochte oder gegarte, beziehungsweise alle Knochen, die erhitzt wurden, können sehr leicht splittern und böse innere Verletzungen verursachen.

Rohe Knochen sind wichtig in der Ernährung und bieten zudem Kauspaß für Ihren Vierbeiner. Die Knochen sollten nicht zu groß und auch nicht zu klein für den Hund sein, damit er vernünftig daran kauen kann und ihn nicht im Ganzen herunterschluckt. Wer trotzdem auf Knochen verzichten möchte, muss eine alternative Calciumzufuhr finden.

Vermutlich gibt es noch viele weitere Mythen über die biologisch, artgerechte Rohfütterung die sich auch weiterhin hartnäckig halten und verbreiten werden. Informieren Sie sich gründlich über diese Ernährungsform und bilden Sie sich dann Ihre eigene Meinung dazu.

Fehler vermeiden

Welche Fehler kann man beim Barfen machen? Und vor allem, wie kann man sie vermeiden? Als barfender Tierbesitzer entsteht, vor allem am Anfang, oft die Angst, etwas falsch zu machen. Fehler passieren meist, weil man sich zu wenig oder an den falschen Stellen informiert hat. Man muss zwar keine Wissenschaft aus der Ernährung machen, dennoch gibt es einige Dinge, auf die man achten sollte, um sein Tier bestmöglich mit allen Nährstoffen versorgen zu können.

Von der richtigen Wahl des Fleisches, der Zusammensetzung der einzelnen Komponenten, bis hin zur Berechnung der Futtermenge. Um Fehler zu vermeiden ist es durchaus empfehlenswert, sich vorab alle nötigen Information einzuholen und gegebenenfalls mit einem Tierarzt oder Ernährungsberater zu sprechen. Als gängigste Fehler werden oft ein zu hoher Proteinanteil, ein zu geringer Nährstoffgehalt und ein mangelnder Kohlenhydratanteil genannt. Oft sind aber wirklich fehlendes Wissen über den Bedarfswert des Tieres und somit die falsche Zusammensetzung Schuld am Mangel.

Da jedes Haustier ein Individuum ist, reicht es nicht, sich an allgemeinen Futterplänen aus dem Netz oder von der Freundin zu halten. Jedes Tier braucht eine abgestimmte Ernährung, sozusagen ein Unikat. Auch wenn Ihr Tier mit der Fütterung von Knochen nicht zurechtkommt oder einfach kein Gemüse fressen will, müssen Sie am Futterplan arbeiten und sollten dann unbedingt wissen, worauf zu achten ist.

Für eine bedarfsgerechte Fütterung ist es also entscheidend, dass alle Bestandteile in der richtigen Zuteilung gefüttert werden. Für Anfänger empfiehlt es sich, sich einen Barf-Plan erstellen zu lassen und darauf aufzubauen. Ein Futtertagebuch kann ebenfalls hilfreich sein, um zu überprüfen, ob die Fütterung passend ist. Um alle wichtigen Nährstoffe zu bekommen, sollten Sie nicht zu einseitig füttern. Am besten ist es, Fleisch, Knochen und Innereien von zwei bis drei verschiedenen Tieren zu nehmen, exotische Fleischsorten sind möglich, aber nicht nötig. Auch sollten Sie beim Obst und Gemüse auf Abwechslung achten. Verzichtet werden sollte aber auf rohes Schweinefleisch, vielleicht haben Sie ja schon einmal von dem Aujeszkysi – Virus, oder auch „Pseudowut" genannt, gehört.

Hierbei handelt es sich um eine durch Herpesviren hervorgerufene Tierseuche, die in rohem Schweinefleisch vorhanden ist und für Ihr Tier tödlich sein kann. Auch wenn das Aujeszkysi – Virus seit mehr als 15 Jahren in Deutschland nicht mehr beobachtet wurde, sollte Schweinefleisch vermieden oder vor der Fütterung gut gekocht werden, dann stellt es keine Gefahr mehr da. Für den Fall der Fälle, dass Ihr Tier mal eine Allergie entwickelt, kann mit einer Fleischsorte eine Ausschlussdiät gemacht werden.

Voraussetzung ist, dass Ihr Tier dieses Fleisch noch nie zu sich genommen hat. Deshalb ist es ratsam, sich eine Sorte offen zu halten, die man nicht füttert, wie zum Beispiel Pferd. Viele Fragen gibt es auch rund um das Thema Knochenfütterung und diese führt zu Verunsicherungen. Hier ist wichtig, dass Sie den Calciumbedarf Ihres Tieres kennen. Ein Hund, der ausgewachsen und gesund ist, benötigt in der Regel einen Calciumbedarf von 80 mg pro Kilo Gewicht. Bei sehr schweren Hunden empfiehlt man, etwa 50 bis 60 mg pro Kilogramm. Daran kann man sich orientieren und eruieren, wieviel Calcium der Knochen in etwa hat, den Sie verfüttern wollen.

Weiche Knochen von kleinen Wildtieren wie Hasen enthalten in der Regel weniger Calcium. Wenn das Tier, von dem sie stammen, groß und schwer war, sind die Knochen normalerweise auch massiver und somit calciumreicher. Einige Haustierbesitzer verzichten auf die Gabe von Knochen, da sie für das Tier durch Splittern gefährlich werden können. Dies ist aber nur dann der Fall, wenn die Knochen erhitzt wurden. Wird auf Knochen verzichtet, muss eine Alternative für die Calciumzufuhr gefunden werden.

Die Ernährungsumstellung funktioniert deswegen in den meisten Fällen problemlos, dennoch sollte auf eine abrupte Umstellung von Trockenfutter zu Rohfutter verzichtet werden. Eine plötzliche Umstellung kann zu Durchfällen, Erbrechen und anderen Verdauungsbeschwerden führen. Deswegen ist es sinnvoll, Ihr Tier in kleinen Schritten an die Rohfütterung zu gewöhnen. Hierfür sollten Sie sich ein bis zwei Wochen einplanen. Eine andere Sorge gilt der Mangelernährung. Um eine natürliche und gesunde Ernährung zu gewährleisten, muss die

Zusammensetzung gut durchdacht sein. Jedes Haustier ist anders, wie wir Menschen auch und benötigt demzufolge eine individuell abgestimmte Ernährung. Fett bietet Ihrem Hund den effizientesten Energielieferanten.

Eiweiß sollte nicht zur Energieversorgung genutzt werden, da bei der Verstoffwechselung von Eiweiß zu viele Abbauprodukte entstehen können, die auf Dauer Leber und Nieren belasten. Ein Zeichen für eine Ernährung, die zu energiearm ist, ist die Futtermenge. Braucht Ihr Tier bei normaler Aktivität wesentlich mehr Futter als Sie berechnet haben, sollte die Energiezufuhr überprüft werden.

Ein guter Leitfaden für die richtigen Portionsmengen bieten gewisse Barf – Rechner. Diese berechnen anhand von Größe, Alter und Aktivität die passende Futtermenge für Ihr Tier. Eine weitere Starthilfe wäre ein Bedarfs - Rechner, mit dem Sie den Fettgehalt, die Zusammensetzung der Innereien und die Dosierung der Inhaltsstoffe berechnen können.

Aber vor allem bei Haustieren mit gesundheitlichen Problemen sollte genau auf die Zufuhr bestimmter Nährstoffe geachtet werden. Hier ist es empfehlenswert, sich bei einem für Rohfütterung spezialisierten Tierarzt oder einem Experten für die

Hundeernährung, Rat zu holen. Um einen Einblick zu bekommen, was Sie Ihrem Tier füttern können, gibt es auch Barf – Tabellen.

Sie beinhalten die verschiedenen Fleischsorten und auch ihre Verträglichkeit und welches Obst und Gemüse unbedenklich verfüttert werden können. Fehler zu vermeiden ist nicht schwer, es ist nur wichtig, dass Sie sich genau informieren und somit auf gewisse Dinge achten können.

Die Vorteile und Nachteile

Wenn es um diese Punkte geht, gibt es die unterschiedlichsten Meinungen. Von den Kosten bis zum Zeitaufwand über die Mangelernährung oder der Lagerung ist alles dabei. Die einen sind von Anfang an überzeugt, die anderen sind absolute Barf - Gegner.

Jeder Tierhalter möchte aber für sein Tier das beste und sollte selbst entscheiden, ob die Rohfütterung für sein Tier geeignet ist oder nicht und welche Punkte für einen persönlich auch wirklich ein Vor – oder Nachteil darstellt.

VORTEILE

Für Haustierhalter ist wohl ein ausschlaggebender Grund die Tatsache, dass Sie genau wissen, was im Napf Ihres Lieblings drin ist. Fertigfutter hat zwar auch eine Zutatenliste, doch die wahren Inhaltsstoffe sind für Tierhalter oft nicht erkennbar. Stellen Sie das Menü selbst zusammen, sind die Zutaten frisch, biologisch und die Inhaltsstoffe offensichtlich und frei von künstlichen Zusätzen. Somit ist es die gesündeste Nahrung für Ihren Vierbeiner.

Das ist vor allem dann wichtig, wenn Ihr Haustier an Allergien, Darmerkrankungen, Gelenk – und / oder Hautproblemen leidet oder einfach sehr anfällig für Krankheiten ist. Sie können gezielt auf die Bedürfnisse Ihres Tieres eingehen und allergische Reaktionen oder Unverträglichkeiten vermeiden.

Ob Sie nun die Zutaten aus dem Supermarkt kaufen und selbst zusammenstellen oder fertige Menüs vom Fachhandel oder Online Shop kaufen, ist es qualitativ hochwertiger als industriell hergestelltes Fertigfutter. Sie bieten Ihnen die Sicherheit, dass sie frei von Konservierungsstoffen, Farbstoffen, Aromen und Geschmacksverstärker sind, die den Stoffwechsel belasten, aber dafür mit allen Mineralien und Vitaminen, die nötig sind, versehen sind. Die

Bakterien, Vitamine und Nährstoffe stärken das Immunsystem auf ganz natürliche Weise. Auch die Haut und das Fell Ihres Lieblings werden gestärkt. Muskeln und Sehnen werden widerstandsfähiger und die Krallen werden fester.

Durch das Kauen und die lange Beschäftigung der Knochen und Knorpeln werden die Kaumuskulatur und die Zähne bei Hunden und Katzen gleichermaßen gestärkt. Durch das lange Kauen wird die Speichelbildung angeregt und die Zähne natürlich gereinigt. Ohne künstliche Zusatzstoffe wird der Zahn auch nicht geschädigt. Vor allem ist auch Flüssigkeit für die Vierbeiner sehr wichtig. Dieses ist in rohem Fleisch und Innereien enthalten, im Gegensatz zu anderem Futter. Das ist vor allem dann vorteilhaft, wenn Ihr Tier sowieso dazu neigt, zu wenig zu trinken.

Haustiere, die gebarft werden, weisen einen allgemein besseren Gesundheitszustand auf. Sie haben weniger Zahnstein, Parasiten und Wachstumsprobleme. Haben eine stärkere Muskulatur und ein besseres Immunsystem. Die ausgewogene Ernährung zeigt sich auch in der Fitness, der Ausgeglichenheit und dem glänzenden Fell Ihres Vierbeiners. Durch das notwendige intensive Kauen des Futters kann Ihr Tier übrigens das Futter nicht mehr so leicht schlingen und das Risiko einer Magendrehung verringert sich enorm.

NACHTEILE

Eines der bekanntesten Nachteile sind wohl der Zeitaufwand und der Kostenpunkt, welche besonders am Anfang recht hoch sein können. Es wird zuerst viel Zeit benötigt, um sich in das Thema „Barf" einzulesen.

Sie müssen viel über die bestmögliche Ernährung Ihres Vierbeiners lernen, welche Nährstoffe und Mineralien Ihr Tier braucht, wie Sie die Futtermenge berechnen und sich an die Zubereitung des Futters gewöhnen. Der Anblick von rohem und blutigem Fleisch kann für einige Tierbesitzer, vor allem Veganer oder Vegetarier, am Anfang eher zu Ekel führen. Um eine gesunde und ausgewogene Ernährung zu erzielen, müssen die verschiedenen Komponenten in der richtigen Menge kombiniert werden.

Das kann zu Anfang ziemlich kompliziert sein. Forscher fanden zudem heraus, dass in fast allen geprüften Barf – Rezepturen essenzielle Nährstoffe fehlten beziehungsweise manche Bestandteile überdosiert wurden. Calcium, Kupfer, Vitamin A und D und Zink wurden dabei besonders oft falsch bemessen. Zur artgerechten Rohfütterung gehören auch pflanzliche Zutaten.

Wenn Sie das Menü Ihres Haustiers selbst herstellen, müssen Sie täglich mehr Zeit für die Herstellung einplanen, können aber bei der Zusammensetzung und Art der Zutaten selbst wählen. Dies fällt beim Kauf von fertig zusammengestellten Menüs flach, spart Ihnen aber Zeit.

Im Gegensatz zum Fertigfutter muss bei der Rohfütterung das Fleisch geschnitten, gegebenenfalls aufgetaut und das Obst und Gemüse geschnitten und püriert werden. Wenn Sie das Menü nicht täglich frisch zubereiten wollen, brauchen Sie genug Platz, um es einfrieren zu können. Ein weiterer Punkt wären die Kosten.

Das Barfen grundsätzlich teurer ist als Fertigfutter, kann so pauschal nicht gesagt werden. In erster Linie kommt es auch darauf an, wie teuer das aktuelle Futter ist, denn auch da gibt es enorme Preisunterschiede. Fertigfutter vom Discounter ist günstiger als vom Fachhandel. Rohe Lebensmittel sind ist oft mit Keimen belastet, was erstmal nicht bedenklich ist, doch gerade beim Fleisch können diese Keime pathogen wirken und Krankheiten verursachen. Der Verdauungstrakt des Hundes ist zwar wesentlich robuster als unserer, dennoch kann ein Übergang von

Bakterien, Viren oder auch Parasiten nicht vollständig ausgeschlossen werden. Circa 1/4 der Hunde, die regelmäßig mit rohem Fleisch gefüttert werden, scheiden Salmonellen aus. Deshalb ist eine gute Hygiene bei der Verarbeitung sehr wichtig.

Das Fleisch sollte im Kühlschrank nicht mit anderen Lebensmitteln in Kontakt kommen und auch für die Aufbewahrung sollten separate Behälter verwendet werden. Wenn Sie viel mit Ihrem Hund im Urlaub oder sonstig viel unterwegs sind, ist die Rohfütterung nicht immer durchführbar, besonders, wenn die Frostmöglichkeiten fehlen.

Mit Sicherheit sind die Nachteile auch nicht ohne, doch kann man für alles eine Möglichkeit finden, wie es für Sie und Ihren Vierbeiner am besten funktioniert.

Die unterschiedlichen Barf-Arten

N atürlich gibt es auch beim Barfen nicht nur
die eine Fütterungsart. Je nachdem, welche
Variante am besten in Ihrem Alltag umsetzbar ist, können Sie zwischen Vollbarfen, Halbbarfen
und Getreidefreiem Barfen wählen.

Sie unterscheiden sich vor allem durch den Anteil von Futterzusätzen und der Einteilung der einzelnen Futterbestandteile. Natürlich können die verschiedenen Arten auch miteinander kombiniert
werden. Die Möglichkeiten sind vielseitig. Die
Hauptsache ist, dass Ihr Tier alle nötigen Nährstoffe

bekommt. Es gibt auch noch sogenannte Sonderformen, bei ihnen ist vor allem die Herstellung anders.

VOLLBARFEN

Das ist wohl die bekannteste Art der Rohfütterung. Liest man im Internet oder Broschüren etwas über das Barfen, wird in der Regel immer vom Vollbarfen gesprochen. Hier wird, wie der Name schon vermuten lässt, ausschließlich biologisch artgerechte Rohkost verfüttert. Also rohes Fleisch, Obst und Gemüse, aber auch Nudeln.

Das könnte dann zum Beispiel so aussehen: Muskelfleisch, Labmagen, Blättermagen, grüner Pansen, Ochsenschwanzknochen und Brustkernknochen. Zudem Obst und Gemüse wie Äpfel, Bananen, Karotten oder Birnen. Hier wird nichts gekocht oder gegart. Die tierischen Bestandteile werden klein geschnitten und mit dem pürierten Obst und Gemüse in den Napf gegeben. Auch hier kommen spezielle Öle wie Leinöl oder Hanföl und Kräuter zum Einsatz.

HALBBARFEN

Halbbarfen oder auch „Teilbarfen" genannt bedeutet, wie der Name schon sagt, sein Tier nicht vollständig mit rohem Fleisch und Gemüse zu füttern. Hier besteht die Futterportion nämlich nur zur Hälfte aus rohem Fleisch und Gemüse und die andere Hälfte aus Trockenfutter.

Es gibt aber auch die Möglichkeit, die eine Hälfte der Portion wie beim Vollbarfen ganz normal roh zusammenzustellen und die andere Hälfte zu garen. Somit bekommt das Haustier beispielsweise morgens sein fertiges Trockenfutter oder die vorab gegarte Barf - Portion und abends das normale rohe Barf – Menü. Bei dieser Art ist darauf zu achten, die Portionen aus Trockenfutter nicht zusammen mit der Barf – Portion zu geben, da sie unterschiedliche Verdauungszeiten haben und so zu Verdauungsproblemen führen können.

Hierbei sollte der Vierbeiner immer beobachtet werden, ist er weiterhin aktiv, lebensfroh und hat ein schönes Fell, sind das Zeichen dafür, dass er die unterschiedlichen Ernährungsformen gut verträgt. Bemerken Sie allerdings vermehrt Verdauungsprobleme oder eine gesenkte Aktivität, die nicht auf ein organisches Krankheitsbild zurückzuführen sind, sollte auf eine andere Ernährungart umgestellt werden. Auch wenn die Mehrzahl der Hunde damit keine Probleme hat, kann es durchaus sein, dass Ihr Hund auf den Wechsel von rohen Lebensmitteln auf Trockenfutter mit Durchfall und Gewichtsabnahme reagiert, da Rohfutter und Fertigfutter ganz andere Anforderungen an den Verdauungstrakt Ihres Tieres stellen.

Ein Nachteil hierbei ist aber die Dosierung des Futters. Auch hier muss der Tierbesitzer die Portionen berechnen. Dafür müssen die enthaltenen Inhaltsstoffe des Trockenfutters bekannt sein und durch einen individuellen Futtermix ergänzt werden. Für Tierhalter, die sich nicht an das Vollbarfen trauen, ein eher mäkliges Tier haben oder ihr Tier einfach erst langsam daran gewöhnen möchten, ist Teilbarfen dennoch eine gute Alternative.

GETREIDEFREI BARFEN

Hier wird meist auf getreidehaltige Zutaten wie Hafer, Gerste oder Dinkel verzichtet. Oft wird mit unregelmäßiger Zugabe von Hirse, gekochtem Reis oder Amaranth ergänzt. Spricht man von getreidefreiem Futter, bezieht man sich auf den aufgeschlossenen Weizen, der oft in Dosen – und Trockenfutter vorhanden ist.

Aufgeschlossen heißt, dass der Weizen durch die industrielle Bearbeitung alle wichtigen Mineral- und Vitalstoffe verloren hat und somit eigentlich nur noch als günstiger Füllstoff dient. Da, im Gegensatz zu uns Menschen, Hunde reine Fleischfresser sind, kann ihr Magen das Getreide praktisch gar nicht verwerten.

Sollte Ihr Hund negativ, in Form von Allergie oder Verhaltensveränderungen auf Getreide reagieren, ist diese Art empfehlenswert. Die Symptome für eine sogenannte Getreideeiweißallergie können vielseitig sein und gehen von Blähungen, Koliken, Durchfall, Appetitlosigkeit, Juckreiz, Haarausfall bis hin zu entzündeten Ohren und Kopfschütteln. Bevor Sie aber mit der Futterumstellung beginnen, sollten Sie beim Tierarzt andere Ursachen ausschließen lassen. Übrigens kann ein Übermaß an Kohlenhydraten zu Zahnstein, Karies und Fettleibigkeit führen. Ein Hund braucht nur eine kleine Menge an Kohlenhydraten.

Da er diese ohne Probleme durch die Gabe von Gemüse erhält, ist eine zusätzliche Fütterung von Kohlenhydraten nicht zwingend notwendig. Möchten Sie dennoch zusätzlich Kohlenhydrate geben, sind gekochte Kartoffeln eine gesündere Alternative.

Sonderformen

CORF – KONVENTIONELLES FERTIGBARF

C.O.R.F ist eine Sonderform des Barfens und steht für „Convenient Raw Food". Convenient kommt aus dem englischen und bedeutet „Bequemlichkeit". Also heißt es so viel wie „bequemes Rohfutter". Wie der Name schon sagt, ist Corf nicht so zeitaufwendig wie das normale Barf, da es bereits fertig zusammengestellt ist.

Bei dieser Variante werden alle Bestandteile wie Obst, Gemüse, Innereien, Öle, Fleisch, Vitamine und Minerale zu einer Portion gepresst und eingefroren. Also vereint dieses Fertigfutter alle essenziellen Nährstoffe, die Ihr Tier bekommen sollte, zu einem fertigen Menü.

Im Gegensatz zum Barf hat Corf den Nutzen, dass es schnell zubereitet werden kann. Nach dem Auftauen ist das Menü direkt servierfertig und kann in den Napf gegeben werden. Eine Zugabe von Ölen oder Kräutern ist nicht notwendig. Deshalb eignet sich dieses Frostfutter beispielsweise gut im Urlaub, soweit es eingefroren werden kann. Neben der Zeitersparnis hat es auch den Vorteil, dass die Küche sauber bleibt und das Zubehör, dass sonst für die Herstellung gebraucht wird, nicht sauber gemacht werden muss.

Ein Nachteil besteht allerdings darin, dass Corf in der Regel in großen Blöcken hergestellt wird und dann in kleinere Blöcke für den Verkauf aufgeteilt wird. Somit bekommt jeder Hund das gleiche Futter und es kann nicht individuell auf die Bedürfnisse des Tieres eingegangen werden. Das könnte auf Dauer zu einer Unter – oder Überversorgung von Nährstoffen führen. Zur kurzen Überbrückung bei Ausflügen oder im Urlaub kann aber gut darauf zurückgegriffen werden.

GEGARTES BARF – LANGE HALTBARKEIT

Diese Art des Barfens wird eigentlich „B.A.F" genannt und bedeutet „biologisch artgerechte Fütterung". Durch ein schonendes Garverfahren und einer besonderen Verpackung bleibt das Futter bis zu zwei Jahre haltbar. Gutes Baf enthält weder künstliche noch andere Zusatzstoffe, wie zum Beispiel Salz.

Da Baf nicht kühl gelagert werden muss, ist es ideal, um Ihren Hund im Urlaub oder bei einem Tagesausflug versorgen zu können. Als gesundheitsbewusster Tierhalter sollten Sie aber auf Abwechslung setzen und darauf achten, dass Ihr Tier nicht jeden Tag das gleiche Baf Produkt bekommt.

Auch, wenn viele Hersteller damit werben, dass ihre Produkte einem besonders schonendem Garverfahren unterzogen werden, sollte man nicht vergessen, dass auch eine schonende Methode Vitamineinbußen mit sich bringt. Baf ist dennoch einfach handzuhaben, zeitsparend und für unterwegs gut geeignet, allerdings nicht so gesund wie rohes frisch zubereitetes Futter.

TROCKENBARF

Frisches Barf ist auf Reisen relativ unkomfortabel. Es muss gekühlt oder gefroren werden, nimmt viel Platz weg und macht viel Dreck bei der Zubereitung. Trockenbarf ist dagegen auch eine ideale Möglichkeit für unterwegs. Viele Tierhalter, besonders Hundehalter, geben Ihren Vierbeiner auch zwischendurch beim Spazieren gehen oder im Training mal ein Leckerchen, auch hier bietet sich Trockenbarf an, es kann vor dem Training in kleine Stücke geschnitten werden und somit im Training gut verwendet werden.

Gutes getrocknetes Barf wird durch einen schonenden Trocknungsprozess ausgezeichnet, indem bestmöglich alle Nährstoffe und Vitamine erhalten bleiben. Der Unterschied zu biologisch artgerechtem rohem Futter besteht also darin, dass es eben luftgetrocknet wird. Sollten Sie nur Trockenfleisch zur Hand haben, können Sie dies auch problemlos mit Flocken, wie zum Beispiel Karotte, gekochte Kartoffel oder Vitaminen zusetzen. Natürlich gibt es auch die Möglichkeit, komplette Trockenbarfmenüs online zu bestellen. Die Auswahl dafür ist im Internet recht groß.

Ist mein Tier geeignet?

Auch eine wichtige Frage, die Sie sich stellen sollten, ist, ob Ihr Tier für die Rohfütterung überhaupt geeignet ist. Grundsätzlich ist jedes fleischfressende Haustier für das Barfen geeignet. Dennoch sollte in gewissen Fällen abgewogen werden, ob eine Rohfütterung sinnvoll ist.

Zum Beispiel sollten Sie Ihr Tier erst ab dem ersten Lebensjahr Barfen. Theoretisch ist es natürlich auch möglich, einen Welpen, nach der Entwöhnung der Muttermilch, zu Barfen. In dieser Zeit muss sich die Verdauung des Welpen an die neuen Inhaltsstoffe des Futters gewöhnen und lernen, diese bestmöglich zu verdauen. In dieser Zeit wäre es eigentlich am einfachsten, den Welpen direkt an das rohe Futter, anstelle des industriell hergestellten Trockenfutters, zu gewöhnen, doch hier ist besondere Vorsicht geboten.

Besonders, weil der Welpe noch in der Wachstumsphase ist, ist eine bedarfsgerechte Ernährung noch viel wichtiger. Eine mangelnde oder falsche Nährstoffversorgung kann zu Entwicklungsschäden führen. Deshalb trauen sich auch viele Tierhalter nicht, ihren Welpen von Anfang an zu Barfen und greifen zum Fertigfutter. Allerdings enthält Fertigfutter oft schwer verdauliche Proteine, die der Verdauungstrakt des Hundes noch nicht einmal verarbeiten kann und dementsprechend wenig nützlich sind, um eigenes Gewebe aufzubauen.

Wer seinen Welpen Barfen möchte, muss bedenken, dass die Futtermenge regelmäßig neu überprüft und berechnet werden muss. Im Gegensatz zu einem ausgewachsenen Hund benötigt ein Welpe 6 - 8% seines Körpergewichts, um alle Nährstoffe zu erhalten. Je größer der Welpe wird, desto weniger Futter bekommt er.

Im Wachstum braucht der Vierbeiner eine andere Menge an gewissen Vitaminen und Mineralstoffen, als wenn er ausgewachsen ist. Wollen Sie Ihren

Welpen Barfen, muss unter anderem beachtet werden, dass Sie anfangs leicht verdauliche und proteinreiche Lebensmittel füttern.

Bis der Welpe „festere" Nahrung zu sich nehmen kann, muss die Mahlzeit noch sehr klein geschnitten oder sogar zu einem Brei püriert werden und die Portionen mehrmals am Tag in kleinen Mengen gegeben werden. Ab der achten Lebenswoche können bereits fleischige, rohe Knochen für die Calciumversorgung gegeben werden, diese sollten allerdings gewolft sein. Große, rohe Kalbsknochen können für die Zahnpflege und für die Beschäftigung schon gegeben werden.

Gut zu verdauen sind auch Hühnerfüße oder Hühnerflügel, diese können Welpen auch gut kauen. Um den Wachstum und somit die Futtermenge stets im Blick zu haben, sollten Sie Ihren Welpen wöchentlich wiegen und bestenfalls das angezeigte Gewicht notieren.

Neben den oben genannten Fleischsorten sind auch Geflügelfleisch, Blättermagen oder Rinderpansen bereits erlaubt. Die Gewichtszunahme eines Welpen sollte je nach Rasse und Größe zwischen 5 – 10% der Körpermasse betragen, bei großen Rassen auch bis zu 20%. Möchten Sie Ihren Senior auf Barf umstellen, sollten Sie auch hier auf eine langsame

Umstellung setzen. Gerade ältere Hunde sind empfindlicher und seit langer Zeit an die Fütterung von Trockenfutter gewöhnt. Wie beim Welpen auch, braucht der Organismus eines älteren Tieres gegebenenfalls mehr Vitamine und Zusätze. Bei einem älteren Hund, der eventuell an Verdauungsproblemen leidet, können Leinsamen oder Flohsamenschalen als zusätzlicher Ballaststoff gegeben werden.

Hat Ihr Senior Probleme mit den Zähnen, muss das Futter sehr klein geschnitten oder sogar püriert werden. Sie sollten immer daran denken, dass jedes Haustier einzigartig ist, so kann es auch sein, dass Ihr Hund Gemüse oder Innereien verweigert, andere wiederum rohes Fleisch oder Knochen nicht vertragen. Manche Vierbeiner mögen auch den Geschmack von rohem Fleisch nicht, da es nicht so intensiv riecht wie Fertigfutter.

In diesem Fall können Sie das Fleisch und Gemüse kochen und Ihr Tier nach und nach an den Rohzustand heranführen. Auch wenn die Rohfütterung biologisch und qualitativ hochwertig ist, ist sie im Zusammenhang mit manchen Krankheiten nicht zu empfehlen. Bei einem Hund, der unter Nierenproblemen leidet, sollte auf eine spezielle Diät geachtet werden. In diesem Fall ist es zwar auch möglich, Ihr Tier zu Barfen, dies birgt aber mehr Risiken und die Ernährung muss noch genauer angepasst werden. Hier sollte auf eine regelmäßige Kontrolle durch einen Tierarzt nicht verzichtet werden. Bei Haustieren, die sehr schnell fressen oder ihr Futter verschlingen, ist von einer Knochenfütterung abzuraten oder die Knochen sollten gewolft angeboten werden, um das Verletzungsrisiko zu vermeiden.

Barfen ist eine kohlenhydratarme und proteinreiche Ernährung. Nur, wenn alle Elemente bedarfsgerecht und ausgewogen zusammengestellt werden, kann Ihr Tier davon profitieren und Folgeschäden können vermieden werden.

Auch, wenn die Barf – Ernährung für alle fleischfressenden Tiere geeignet ist, muss beachtet werden, dass Katzen zum Beispiel, eine ganz andere Menge an Vitaminen und Mineralien brauchen und auch nicht davon auszugehen ist, dass sie dieselben Zutaten wie beispielsweise Hunde fressen dürfen. Katzen haben ganz andere Bedürfnisse als Hunde, auf diese sollte der Katzenbesitzer unbedingt Rücksicht nehmen.

Ursprünglich kommen Katzen aus Wüstengegenden und ihr Organismus ist darauf ausgelegt, ihren Wasserhaushalt durch das Futter aufzunehmen, somit sollte das Futter einen Wasseranteil von mindestens 75% haben. Katzen sollte aufgrund ihres

Stoffwechsels auch nicht hungern. Regelmäßige Mahlzeiten sind für Katzen sehr wichtig. Verweigert die Katze das Futter komplett, muss somit eine schnelle Lösung her, da der Organismus der Katze bei Hunger über eine längere Zeit anfängt, die körpereigenen Proteine zu verarbeiten.

Dies kann unter Umständen zu Schäden an der Leber führen. Während Hunde mit einer Fastenzeit gut zurechtkommen, sollte bei Katzen darauf verzichtet werden. Auch bei Frettchen muss auf den individuellen Stoffwechsel eingegangen werden. Frettchen sind, wie Hunde und Katzen, Fleischfresser und benötigen dementsprechend viel Fleisch auf Ihrem Speiseplan. Überwiegende Fütterung von pflanzlichen Zutaten macht sie krank.

Die kleinen Mardertiere können die Proteine und Fette aus dem Fleisch problemlos aufnehmen. Der Verdauungstrakt der Tierchen ist sehr kurz, das bringt mit sich, dass sie nicht auf Reserve futtern, sondern über den Tag mehrere Futterportionen brauchen. Im Gegensatz zu Hunden dürfen Frettchen kein Getreide oder Salz zu sich nehmen. Da Frettchen dazu neigen, ihr Futter zu horten, muss das Futter gut im Auge behalten werden, um verdorbenes Fleisch im Käfig zu vermeiden. Da die Fütterung mit biologisch rohem Futter bei Frettchen nicht so erforscht ist wie bei Hunden und Katzen, besteht hier ein erhöhtes Risiko, Ihr Tier mangelhaft zu ernähren. Ist Ihr Frettchen sehr empfindlich oder vielleicht sogar chronisch krank, wird es fast unmöglich sein, sich alle nötigen Informationen zur ausgewogenen Ernährung einzuholen.

Futtermittelliste

Um einen kleinen Überblick über die geeigneten Futtermittel zu bekommen, habe ich Ihnen eine kleine Liste zusammengestellt. Sie liefert wichtige Beispiele, an denen Sie sich orientieren können. Diese Liste ist auf Hunde bezogen und nicht vollständig, sie soll nur einen kleinen Überblick über die Möglichkeiten bieten.

Fleisch, Knochen und Innereien

Folgendes Fleisch ist für die Rohfütterung gut geeignet,

Rind, Hirsch, Pute, Ziege, Kaninchen, Ente, Schaf, Reh, Huhn und Pferdefleisch.

Schweine- und Wildschweinfleisch sollte nur gekocht gegeben werden!

Gut geeignete Tierteile

Schlund, Luftröhre und Kehlkopf sollten nur selten oder gar nicht verfüttert werden. Schilddrüsengewebe können den Stoffwechsel Ihres Tieres negativ beeinflussen.

Herz, Leber, Niere, Lunge, Kehlkopf, Milz, Geflügelmägen, Blättermagen und Netzmagen.

Fleischige Knochen

Knochen sollten bestenfalls gewolft angeboten werden, somit kann das Verletzungsrisiko, vor allem für schlingende Tiere, verringert werden.

Puten, Huhn - oder Entenhälse, Ochsenschwanz, Fleischige Rippen und Brustbein

Fisch

Roher Fisch enthält das für Ihren Hund negative Enzym Thiaminase. Es hemmt die Aufnahme von Thiamin, einem wichtigen Vitamin. Die folgenden Fischarten haben üblicherweise einen geringen Thiaminasegehalt. Möchten Sie auf Nummer sicher gehen, können Sie den Fisch vor der Fütterung kochen.

Lachs, Barsch, Forelle, Makrele und Thunfisch

Obst und Gemüse

Damit Ihr Hund die Nährstoffe besser aufnehmen kann, ist es am besten, das Gemüse zu pürieren oder zu raspeln und ein wenig Öl hinzuzugeben.

Chicorée, Salatgurke, Kopfsalat, Karotte, Zucchini, Spinat und Paprika (unbedingt reif und ohne Grün). Gegart verträglicher sind: Blumenkohl, Broccoli, Kohlrabi, und Kürbis; Aubergine darf gegeben werden, allerdings nur gut gekocht.

Milchprodukte
Folgende Milchprodukte enthalten geringe Mengen an Lactose und sind somit meist besser verträglich. Viele Lebensmittel gibt es auch Lactosefrei.

Joghurt, Frischkäse, Quark, Schnittkäse und Hüttenkäse

Getreide
Wenn Sie Getreide verfüttern möchten, dann muss es vorerst gegart werden. Alternativ können sie auch geflockt verfüttert werden.

Gerste, Reis, Weizen, Roggen Mais, Hafer, Hirse, Quinoa, Amaranth und Dinkel

Nüsse und Sämereien
Bitte nur fein gehackt oder gemahlen geben, sonst können sie vom Körper nicht verarbeitet werden.

Pecannüsse, Walnüsse, Pinienkerne, Sesam, Haselnüsse, Sonnenblumenkerne, Kürbiskerne und Leinsamen, diese müssen allerdings gekocht werden.

Öle

Um Ihr Tier mit wichtigen Omega-6- und -3-Fettsäuren zu versorgen, dürfen verschiedene Öle nicht fehlen. Abwechslung ist auch hier besonders wichtig.

Hanföl, Distelöl, Nachtkerzenöl, Weizenkeimöl, Maiskeimöl, Borretschöl, Fischöl, Rapsöl, Leinöl und Sonnenblumenöl.

Kräuter

In kleinen Mengen können übliche Küchenkräuter auch verfüttert werden.

Basilikum, Hagebutte, Petersilie, Brennnessel und Löwenzahn

Ergänzungsfuttermittel

Vitaminergänzungen und Mineralien dürfen nicht unterschätzt werden. Für eine vollwertige Ernährung ist eine Ergänzung meist unerlässlich.

Bierhefe (Vitamin B), Lebertran (Vitamin D), Hagebuttenpulver (Vitamin C), Grünlippmuschel (Glykosaminoglykane), Eierschalenpulver (Calcium), Seealgenmehl (Jod)

Die richtige Zusammensetzung

As Leitfaden kann man sich merken, dass ein ausgewogenes, artgerechtes Menü aus 80% tierischen und 20% pflanzlichen Teilen bestehen sollte. Ebenso sollten Zusätze wie Seealgenmehl und kaltgepresste Öle nicht fehlen.

Es gibt aber auch die bekannte Möglichkeit, die Portionen aus 70% Fleisch und 30% pflanzlichen Teilen zusammenzustellen. Wie die Portion am Ende zusammen gestellt wird, hängt auch von der Größe, dem Alter, dem Gesundheitszustand und der Aktivität des Tieres ab. Ein Schäferhund, der laufend trainiert wird und vielleicht sogar an Prüfungen teilnimmt, braucht mehr Fett und Vitamine als ein Mops oder Zwergpudel, die überwiegend im Körbchen sitzen. Eine Zuchthündin braucht wiederum ein gehaltvolleres Futter, um auch für Ihre Welpen genügend Vitamine und Mineralien zur Verfügung zu haben, als ein zehn jähriger Labrador, der vielleicht noch gerne spazieren geht, aber sonst nicht viel Bewegung oder Training braucht.

Bei Katzen oder Frettchen sieht die Zusammensetzung wiederum ganz anders aus.

DER ANTEIL DER TIERISCHEN BESTANDTEILE

Wie oben schon kurz beschrieben, liegt die ideale Zusammensetzung der tierischen Zutaten bei 80%. Allerdings reicht es nicht, nur eine Fleischsorte zu wählen. Der Anteil an den tierischen Komponenten sollte verschieden aufgeteilt werden.

Ein Beispiel wäre, 50% Muskelfleisch wie vom Rind, Pferd, Pute, Ente oder Lamm. Muskelfleisch liefert Mineralien, Fette, Wasser, Vitamine und Proteine und ist der Hauptbestandteil der Ernährung.

Etwa 20% sollten Blättermagen oder Pansen von Wiederkäuern sein, sie enthalten zusätzlich wichtige Vitamine. Die restlichen 10% werden mit

Innereien und rohen, fleischhaltigen Knochen aufge-
füllt. Die Innereien bieten Eisen, Biotin und Kupfer.
Knochen sind ein natürlicher Mineralienlieferant.
Empfehlenswert ist es, verschiedene Innereien zu
verwenden wie Herz, Leber, Niere oder Milz und
diese zu je einem Drittel zu mischen.

Das wäre beispielsweise, 1/3 Leber, 1/3 Drittel
Milz und 1/3 Herz. Innereien haben unter anderem
auch einen hohen Vitamin – und Mineralstoffgehalt,
aus diesem Grund sollte die empfohlene Menge von
10% nicht überschritten werden. Die fettlöslichen
Vitamine können nämlich auch überdosiert werden
und somit für das Tier ungesund werden.

Auch bei der Auswahl des Fleisches sollten Sie
auf eine Kleinigkeit Acht geben. Da Ihr Tier seine
Energie aus dem Fett im Fleisch bezieht, sollte der
Fettanteil zwischen 15 - 25% liegen. Ist der Fettgeh-
alt zu niedrig, kann es zu Gewichtsabnahme führen.
Ein zu hoher Fettgehalt kann wiederum zur Ge-
wichtszunahme und unter Umständen zu einer
Bauchspeicheldrüsenentzündung führen.

Wie viel Fettgehalt Ihr Tier benötigt, ist abhängig davon, wie aktiv Ihr Tier ist. Wird mit dem Hund
beispielsweise Zugsport wie Canicross oder Bikejö-
ring ausgeübt, braucht er möglicherweise mehr

Fettgehalt. Auch dieser Punkt sollte mit einem Tierarzt besprochen werden.

GEMÜSE, OBST UND KOHLENHYDRATE

20% Obst und Gemüse reichen aus, um Ihren Vierbeiner neben den notwendigen Ballaststoffen auch mit wertvollen Vitaminen und Mineralien zu versorgen. Das Verhältnis in einer Barf – Portion sollte bei 1:3 liegen. Der Teil an Gemüse sollte also höher sein als der Teil an Obst, da der Fruchtzucker, der im Obst enthalten ist, nicht von jedem Tier vertragen wird.

Bei beispielsweise 100 Gramm pflanzlichen Bestandteilen, sollte der Gemüseanteil bei etwa 75% und der Obstanteil bei 25% liegen. Es ist auch möglich, auf das Obst zu verzichten, wenn Ihr Hunde auf den Fruchtzucker mit Durchfall reagiert.

Die Rohfasern, welche das Gemüse liefert, regulieren die Verdauung und beugen Verstopfungen vor. Die in Pflanzen enthaltenen sekundären Pflanzenstoffe, Vitamine und Minalerstoffe wirken sich positiv auf die Gesundheit Ihres Tieres aus. Allerdings müssen Sie beachten, dass die Inhaltsstoffe des Gemüses fettlöslich sind und somit nur in

Verbindung mit Öl oder Fett vom Körper verarbeitet werden können.

Möchten Sie Ihrem Tier auch Kohlenhydrate füttern, ändert sich die oben beschriebene Aufteilung. Der Teil an Kohlenhydraten entspricht 10%, der vom tierischen Anteil abgezogen wird. Somit werden nur noch 70% statt 80% Fleisch und Innereien gegeben.

Ähnlich wie Traubenzucker liefern Kohlenhydrate schnell verfügbare Energie. Sie werden in der Leber umgewandelt zu Glykogen. Übrig gebliebene Kohlenhydrate werden in Fettdepots umgewandelt und im Körper gespeichert.

Deshalb sollten Kohlenhydrate nur ergänzend gefüttert werden, wenn zum Beispiel Krankheiten wie Leber oder Pankreaserkrankungen vorliegen oder eine weitere Energiequelle benötigt wird.

Was nicht in den Napf gehört

Was die Auswahl der einzelnen Futterbestandteile angeht, haben Sie eine große Auswahl. Der Napf wird auf jeden Fall abwechslungsreich gestaltet werden können. Trotzdem sollte auf einige Lebensmittel verzichtet werden, da sie für Ihr Tier giftig sein können. Andere Lebensmittel führen unter Umständen bei einigen Tieren zu Unverträglichkeiten.

Während Karotten, Zucchini und Gurken bei Hunden oft gut ankommen, muss auf Nachtschattengewächse wie Auberginen, Tomaten und rohe Kartoffeln verzichtet werden. Sie enthalten Solanin und sind für Tiere giftig. Vor allem die grünen Stellen enthalten eine hohe Dosis. Gekochte Kartoffeln sind allerdings kein Problem.

Symptome: Erbrechen, Durchfall und Störungen der Gehirnfunktion

Bohnen und Hülsenfrüchte sind für Hunde und Katzen nur gekocht genießbar, das im rohen Zustand enthaltene Toxin namens Phasin verringert die Proteinbiosynthese im Dünndarm und verklebt die roten Blutkörperchen. Deshalb vor der Fütterung unbedingt gut durchkochen.

Symptome: Fieber, Krämpfe, Leberschwellung, Erbrechen, blutiger Durchfall

Zwiebelgewächse wie unter anderem Knoblauch und Zwiebeln enthalten, egal ob getrocknet, roh oder gekocht, Schwefelstoffe, die zur Zerstörung der roten Blutkörperchen führen.

Symptome: Gelbsucht, Blut im Urin oder Blutbildung

Auch bei Obst und Früchten gibt es einige Sorten, die nicht in den Napf gehören.

Trauben und Rosinen enthalten Oxalsäure, eine größere Menge kann im schlimmsten Fall zu tödlichem Nierenversagen führen.

Symptome: Zittern, Erbrechen, Magenkrämpfe oder Durchfall

Nussfrüchte wie Macadamia Nüsse und Mandeln müssen ebenfalls dem Napf fernbleiben. Vor allem Macadamia Nüsse enthalten das für Hunde ungesunde Phosphor und führen zusätzlich durch einen bislang unbekannten Giftstoff zu Störungen des Nervensystems.

Symptome: Fieber, Leberschäden, Schwächeanfälle, Erbrechen oder Steifheit der Gliedmaßen,

Eine große Gefahr stellt auch das Verschlucken von Obstkernen wie Aprikosen und Pflaumen dar und könnte zu Verletzungen der Darmschleimhaut oder einer schlimmen Verstopfung führen. Werden die Obstkerne zerbissen, wird Blausäure freigesetzt und diese kann zu Vergiftungserscheinungen führen.

Symptome: starkes Erbrechen, Durchfall, Krämpfe oder Atemnot

Besonders im Stamm, Haut und im Kern ist das Toxin „Persin" in Avocados in hohen Mengen enthalten. Das Fruchtfleisch enthält zwar nicht ganz so viel Persin, doch der hohe Fettanteil ist ebenfalls ungesund.

Symptome: Verdauungsstörungen, Husten, Durchfall und Erbrechen, Atemnot, Schwäche und Unruhe

Leider gibt es noch einige Zutaten, die nicht verfüt-tert werden dürfen, hier wäre es ebenfalls sinnvoll, sich von einem Tierarzt oder Ernährungsberater Informationen einzuholen, wenn man sich unsicher ist.

Öle wie, Leinöl, Hanföl, Lachsöl und Weizen-keimöl sollten stets kaltgepresst sein, da sie im Gegensatz zu raffiniertem Öl nicht mit Lösungsmittel gewonnen und anschließend von unerwünschten Begleitstoffen befreit werden müssen. Um die Roh-fütterung besonders ausgewogen zu gestalten sollten die Öle abwechselnd in geringen Mengen gegeben werden.

Milchprodukte wie Joghurt, Frischkäse, Hütten-käse oder Magerquark sind zwar meist sehr beliebt, sollten aber nur in geringen Mengen gegeben werden. Manche vertragen sie sehr gut, andere reagieren mit Durchfall.

Kräuter im Barf – Menü können ebenfalls wert-voll sein. Basilikum ist reich an Vitaminen, Bohnen-kraut ist magenstärkend und hilft gegen Koliken. Sie können bei Gesundheitsbeschwerden und Stoff-wechselstörungen helfen. Zudem bieten sie wichtige Nährstoffe und wirken sich positiv auf die Magen – Darm – Flora aus. Sie sollten bestenfalls mit dem Gemüse püriert oder sehr klein geschnitten werden.

Einige Heilkräuter, wie zum Beispiel Lavendel sollten nur als vorrübergehende Kur gegeben werden.
Bärlauch enthält Methylcystein-Sulfoxid und ist giftig.

Symptome: Durchfall und Erbrechen

Kapern enthalten Senfölglycoside und führen
bei hoher Dosis zu Erbrechen.

Jalapeños enthalten den Stoff Capsaicin und sind
für Hunde giftig.

Symptome: Atemnot oder sogar Magenblutun-
gen

Einige Hundebesitzer füttern Knoblauch, um Pa-
rasitenbefall vorzubeugen, allerdings enthält Knoblauch, wie oben erwähnt, einen Stoff, der die roten
Blutkörperchen zersetzt und somit durchaus gefährlich werden kann. Wie ein Hund auf Knoblauch reagiert, hängt nicht nur von Größe und Gewicht ab,
sondern auch von der Rasse. Einige Rassen wie der
Akita und der Shiba Inu weisen eine angeborene Ab-
normalität der roten Blutkörperchen auf und sind
somit anfälliger für eine Vergiftung.

Symptome: Durchfall, Schwäche, Erbrechen, er-
höhte Atem – und Herzfrequenz

Muskatnüsse enthalten ein Rauschgift mit hallu-
zinogener Wirkung. Eine Überdosis kann im
schlimmsten Fall tödlich enden.

Symptome: Krampfanfälle und Lähmungserscheinungen

Stevia, Vanille und Wasabi sind ebenfalls giftig für Ihr Tier.

Bei der Fütterung von Knochen sollte auf Geflügelknochen verzichtet werden, da sie leicht splittern und dem Tier im Hals stecken bleiben können.

Die Ernährungsumstellung

Kommen wir nun zur Umstellung der Ernährung. Auch wenn die Umstellung zuerst kompliziert klingt und etwas Zeit in Anspruch nimmt, wird Ihr Tier es Ihnen danken. Die meisten Tiere mögen die Barf – Fütterung. Frisches, leckeres Fleisch kommt halt meistens besser an als fades, einseitiges Trockenfutter.

Hat Ihr Tier allerdings bis jetzt nur Trocken – und Dosenfutter bekommen, sollte die Umstellung langsam erfolgen, da der Magen des Hundes empfindlich auf die Rohkost reagieren kann und sich darauf erst einstellen muss. Da Trockenfutter, wie der Name schon sagt, trocken ist, führt dies dazu, dass

Ihr Tier weniger Magensäure produziert. Außerdem benötigt es für die Verdauung der Kohlenhydrate andere Enzyme als zur Verdauung von Eiweiß und Fett.

Infolgedessen muss zum Beispiel die Bauchspeicheldrüse bei Trockenfutter wesentlich mehr Amylase produzieren als bei Rohfutter. Trockenfutter enthält meist eine Menge Zusatzstoffe, um es farblich ansprechend, appetitlich und haltbar zu machen.

Einige Hunde sind durch die jahrelange Fütterung von Fertigfutter sozusagen abhängig von den Geschmacksverstärkern und Lockstoffen und stehen dem neuen Futter erstmal skeptisch gegenüber.

Das könnte man auch mit Menschen vergleichen, die sich jahrelang von Fast Food ernährt haben, Obst und Gemüse eher aus dem Weg gegangen sind und plötzlich auf frisch zubereitetes Essen umsteigen, das kann anfangs auch gewöhnungsbedürftig sein. Es gibt aber durchaus Hunde und Katzen, die auf eine sofortige Umstellung sehr gut reagieren. Besonders junge, vitale Haustiere, die keine gesundheitlichen Probleme haben, kommen damit in der Regel gut zurecht.

Bei der langsamen Umstellung sollten Sie im ersten Schritt den Hund zunächst 12 - 24 Stunden lang fasten lassen. Dies sorgt dafür, dass der

Verdauungstrakt vom Fertigfutter befreit wird und hat den Nebeneffekt, dass Ihr Hund hungrig wird. Das fällt uns zwar oft schwer, zahlt sich aber meist aus und Ihr Tier kommt damit auch sehr gut klar. Denn viele Hunde lehnen vorerst das neue Futter ab, weil es nicht so intensiv riecht. Durch das Fasten steigt die Chance, dass Ihr Vierbeiner sich auf das neue Futter stürzt.

Um mit der Umstellung anfangen zu können, müssen Sie erst einmal wissen, welche Futtermenge Ihr Haustier täglich benötigt. Grob kann man sagen, sie liegt zwischen 2 - 3% des Körpergewichts. Bei einem ausgewachsenen, gesunden Hund mit einem Körpergewicht von 20 Kilogramm wären das also 400 – beziehungsweise 600 Gramm. Nehmen wir also als Beispiel für die folgende Rechnung diese 400 Gramm.

In der Umstellungsphase wird auf Pansen, Innereien und Knochen noch verzichtet. Somit besteht die erste Portion aus 75 - 80% reinem, rohem Muskelfleisch, also ganze 300 Gramm, gut geeignet sind hier Rind – oder Lammfleisch. Dazu kommen nur noch 20 beziehungsweise 25% rohe, pürierte Karotten also 100 Gramm. Das Fleisch sollte in der Zeit der Umstellung einen Fettanteil von maximal 15% (45 Gramm) haben. Sinnvoll ist es, übrigens nicht nur am

Anfang, die Portionen auf morgens und abends zu je 200 Gramm aufzuteilen. Somit könnte das erste Menü folgendermaßen aussehen:

150 Gramm Rindermuskelfleisch und 50 Gramm pürierte Kartoffeln am Morgen und dieselbe Portion am Abend. Sollte Ihr Hund das Futter anfangs nicht annehmen wollen, können Sie es auch komplett gegart anbieten und die Garzeit nach und nach verringern, bis es schließlich roh ist. Dann ist auch die Chance auf eine gute Verträglichkeit höher.

An Tag zwei ändert sich an der Menge und den Zutaten nichts. Es bleibt bei Rindermuskelfleisch und pürierten Kartoffeln am Morgen und am Abend.

Am dritten Tag bleibt die Menge gleich, aber die Zutaten werden geändert, damit sich Ihr Tier auch an die unterschiedlichen Zutaten gewöhnt. Diese könnten dann sein, 150 Gramm Lammmuskelfleisch und 50 Gramm rohe pürierte Zucchini. Ebenfalls morgens und abends.

Am vierten Tag kann ein wenig Lachs – oder Hanföl hinzugeben werden. Eine Morgenration könnte dann aus 100 Gramm Lammmuskelfleisch, 50 Gramm Lachs und 50 Gramm pürierte Zucchini bestehen. Verträgt Ihr Hund diese Umstellung bis dahin gut, kann am nächsten Tag angefangen werden, Pansen beizumischen, hier empfiehlt es sich,

eine Portion mit beispielsweise 150 Gramm Rindermuskelfleisch und 50 Gramm Möhren am Morgen
und eine Portion mit 150 Gramm Rinderpansen und
50 Gramm Möhren am Abend zu servieren.

Am sechsten Tag bleibt das Menü am Morgen
gleich, es ändert sich nur das Menü am Abend, diese
könnte dann beispielsweise aus 125 Gramm Rindermuskelfleisch mit etwa 25 Gramm Rinderleber und
50 Gramm Möhren bestehen.

An Tag sieben wird der Anteil der unterschiedlichen Gemüsesorten erhöht, das morgendliche
Menü besteht dann beispielsweiße aus 150 Gramm
Rindermuskelfleisch, 25 Gramm Möhren und 25
Gramm Zucchini. Abends kann man eine Portion mit
100 Gramm Lachs und 50 Gramm Rindermuskelfleisch und 50 Gramm Möhren versuchen.

Funktioniert es bis dahin problemlos, können
nun auch Knochen wie Hühnerhälse hinzugefügt
werden. Die tägliche Portion könnte dann am Morgen aus einem bis drei Hühnerhälsen, je nach Größe
des Hundes, Rind – oder Lammfleisch, Blattsalat,
Möhren und etwas Öl wie Lachsöl oder Hanföl bestehen und abends kommt Rind – oder Lammfleisch mit
Apfel oder Zucchini in den Napf.

Das ist nur ein Beispiel dafür, wie die Ernährungsumstellung aussehen könnte und ist noch keine

ausgewogene Fütterung. Hier geht es nur darum, das Tier langsam an die rohe Beschaffenheit und die unterschiedlichen Bestandteile des Futters heranzuführen.

Jeder Hund verträgt die Umstellung anders, somit kann sie entweder langsamer oder schneller gehen. Hier gibt es keine festgelegte Formel. Wichtig ist, auf die Bedürfnisse des Tieres einzugehen und Sie als Halter kennen Ihr Tier schließlich am besten. Auch weicher Kot und mehr Hunger sind nicht ungewöhnlich.

Sollten Sie merken, dass Ihr Hund in der Umstellungsphase mehr Hunger hat, können die Portionen gerne etwas erhöht werden. Egal, wie lange es im Endeffekt dauert, bis sich Ihr Tier an die neue Fütterung gewöhnt hat, am Ende ist sicherlich jeder Vierbeiner dankbar über die hochwertige und natürliche Verpflegung.

Rezeptvorschläge

Folgende Rezepte sind nur Beispiele und auf Hunde ausgelegt. Einige Haustiere leiden an Allergien oder Unverträglichkeiten, deshalb können einige Zutaten nicht für alle Fellnasen geeignet sein und sollten durch eine andere Zutat ersetzt werden. Die Mengen beziehen sich auf ausgewachsene, gesunde Hunde.

Ein kleiner Tipp vorweg: Wenn Sie Obst verfüttern wollen, sollte immer sehr reifes Obst verwendet werden. Unreifes Obst kann zu Verdauungsstörungen führen. Verdorbenes Obst, wie auch Gemüse, gehört natürlich nicht in den Napf.

Menü für einen ausgewachsenen, gesunden Hund mit zehn Kilogramm Körpergewicht

Rind mit Birne und Spinat

Fleisch:
- 100g Rindermuskelfleisch
- 45g Pansen
- 15g Rinderherz
- 10g Rinderleber

Gemüse:
- 30g Spinat
- 20g Birne

Öl und Zusätze:
- halber Teelöffel Leinöl
- 2,5g Knochenmehl
- wenn Sie möchten, frische Kräuter wie Basilikum

Zubereitung: Je nach Größe und Vorliebe des Vierbeiners das Fleisch in kleine oder größere Stücke schneiden und in den Napf geben. Spinat und Birne waschen und mit einem Pürierstab zerkleinern und zum Fleisch geben. Knochenmehl, Öl und gegebenenfalls Basilikum hinzufügen und fertig ist das Menü.

Menü für einen ausgewachsenen, gesunden Hund mit 20kg Körpergewicht

Fisch – und Fleischmix

Fisch und Fleisch:

- 150 g Wildlachs (gefroren)
- 100 g Rindermuskelfleisch
- 50 g Rinderlunge
- 20 g Rinderblättermagen
- 20 g Rinderleber

Obst und Gemüse:

- 30 g Blattsalat, zum Beispiel Lollo Rosso
- 30 g Pastinake
- 40 g Apfel

Öl und Zusätze:

- 1 TL Rapsöl
- 5g Knochenmehl

Zubereitung: Vor der Herstellung muss der Lachs aufgetaut werden. Anschließend den Fisch und das Fleisch in Stücke schneiden und in den Napf geben. Obst und Gemüse gründlich waschen und schneiden und mit einem Pürierstab zerkleinern und in den Napf geben. Zum Schluss nur noch das Rapsöl und das Knochenmehl über das Menü geben und gegebenenfalls vermischen.

Menü für einen ausgewachsenen, gesunden Hund mit 30kg Körpergewicht

Vegetarisches Menü
Wie oben bereits beschrieben, sollten Milchprodukte mit Vorsicht gegeben werden, nicht jeder Hund verträgt sie.

Milchprodukte:
- 200g körniger Frischkäse

Obst und Gemüse:
- 200g Süßkartoffeln
- 200g gemischter Blattsalat, wie zum Beispiel Eisbergsalat
- 50g Beeren, zum Beispiel Heidelbeeren
- 100g Möhren
- 50g Apfel

Öl:
- 2 TL Hanföl

Rezept für eine ausgewachsene, gesunde Katze mit einem Gewicht zwischen fünf bis acht Kilogramm

Das folgende Rezept ist nur eine ungefähre Angabe. Wie viel Futter Ihre Katze genau benötigt, müssen Sie durch Probieren selbst herausfinden.

Fleischmix

Zutaten:
- 125 Gramm Putenfleisch
- 115 Gramm Hühnerherzen
- 6 Milliliter Leinöl
- 4 Gramm Leinöl

Zubereitung: Zuerst muss das Putenfleisch aufgetaut werden. Das Fleisch wird dann geschnitten und in den Napf gegeben. Verfeinert wird das Menü dann noch mit Katzenminze und Leinöl.

Fazit

Barfen ist, gerade zu Beginn, ziemlich komplex und zeitintensiv. Es fordert einiges an Wissen und Geduld, sich alle Informationen über die Ernährung Ihres Vierbeiners und der Futtermittelkunde einzuholen und sein Tier bedarfsgerecht auf diese Fütterungsart umzustellen.

Auf den ersten Blick können die vielen Informationen und verschiedenen Meinungen zum Thema Barf durchaus überfordern. Aber klar ist, es bietet auch eine großartige Möglichkeit, sein Tier, frei von künstlichen Zusätzen und somit gesund, ausgewogen und artgerecht zu ernähren. Auf bestehende Krankheiten kann gezielt eingegangen werden, Allergien können sich verbessern und Reaktionen auf

Unverträglichkeiten vermieden werden. Künstliche Inhaltsstoffe gehören der Vergangenheit an. Dennoch muss auch gesagt werden, dass es kein Allheilmittel ist. Wie bei so vielen Dingen gibt es auch hier Punkte, die gegen das Barfen sprechen können.

Sind Sie beruflich sehr eingespannt oder sogar viel unterwegs, ist eine ausgewogene Rohfütterung nur schwer umsetzbar und es müssen Alternativen gefunden werden. Bei Katzen oder Frettchen besteht das Problem, dass diese Fütterungsmethode noch nicht so gut erforscht ist, wie bei unseren Hunden und die Ernährung ganz anders aufgebaut werden muss. Dann gestaltet sich die Umstellung natürlich besonders schwierig, da sich nur schwer alle nötigen Informationen finden lassen.

Im Fall von Welpen, älteren oder kranken Hunden oder Katzen sollten Sie sich immer Hilfe bei Experten suchen. Leidet Ihr Hund beispielsweise unter einer chronischen Krankheit, ist es äußerst wichtig, bei der Zusammenstellung speziell darauf einzugehen. Besonders dann sollte ein Experte zur Erstellung des Futterplans und der Umstellung hinzugezogen werden, um auch wirklich alle wichtigen Komponenten im richtigen Verhältnis zusammenzustellen, damit dem Tier somit nicht geschadet wird. Auch muss beim Barfen auf Hygiene sehr geachtet werden. Da bestimmte Bakterien und Viren sich schnell vermehren können, müssen alle Arbeitsgerät gründlich gereinigt werden.

Doch wenn man sich gründlich informiert hat und die Ernährungsumstellung funktioniert hat, ist Barfen laut anderen Tierbesitzern auch nicht sehr viel aufwendiger und vor allem nicht viel schwieriger als Füttern mit Trocken – oder Nassfutter. Wie Sie oben gesehen haben, gibt es natürlich nicht nur die eine Art der Fütterung.

Das erleichtert in gewissen Situationen die Ernährung. Das gewählte Futter sollte natürlich in erster Linie den Nährstoffbedarf Ihres Tieres decken und es mit Allem versorgen, was für eine gesunde Entwicklung nötig ist. Dies hängt eben weniger von der Form des Futters an, sondern nur von seinen Inhaltsstoffen.

Die Expertin Dr. Kröger sagt: „Wenn Sie Ihren Hund den Anforderungen entsprechend Barfen, tun Sie ihm keineswegs etwas Schlechtes. Jeder Besitzer sollte individuell entscheiden, welche Fütterungsmethode für ihn und seinen Vierbeiner das Beste ist". Wer auf die Qualität und die Inhaltsstoffe des Futters ein genaues Auge hat und bei der Wahl des Futters auch auf das Alter, die Aktivität und der Größe des Tieres achtet, kann sein Tier sowohl mit

Barf als auch mit klassischem Hundefutter gesund und ausgewogen ernähren. Vorhandene Krankheiten und mögliche Allergien spielen hier eine entscheidende Rolle.

Überlegen Sie sich gründlich, wie viel Zeit Sie für die Futterzubereitung haben, ob Sie die Kosten decken können und wollen und ob Sie viel mit Ihrem Tier auf Reisen sind. Die richtige Art der Fütterung muss, sowohl für Sie als auch für Ihr Tier passen.

Ein Gespräch mit dem Tierarzt oder einem Ernährungsberater verschafft Ihnen einen zusätzlichen Überblick über die verschiedenen Möglichkeiten. Denn am Ende wollen doch alle Tierbesitzer nur eins – ein gesundes und glückliches Tier.

Herstellung und Verlag:

BoD – Books on Demand, Norderstedt

ISBN: 9783751996693

1. Auflage

Kontakt: Psiana eCom UG/ Berumer Str. 44/ 26844 Jemgum

Covergestaltung: Fenna Larsson

Coverfoto: depositphotos.com